Bereits erschienen:

Band 1: Immer der Schnauze nach
Band 2: Auf der Spur der Diamanten-Diebin
Band 3: Schnüffel-Einsatz auf dem Schulhof
Band 4: Ein haariger Fall
Band 5: Hier riecht doch was faul!
Band 6: Ein Einbruch ohne Spuren
Band 7: Spurensuche am Waldsee
Band 8: Jagd nach dem Feuerteufel
Band 9: Tatort Dino-Museum

Katja Reider

KOMMISSAR PFOTE

Schnüffel-Einsatz auf dem Schulhof

Band 3

Illustriert von Dirk Hennig

Loewe

ISBN 978-3-7432-0655-7
3. Auflage 2026

Umschlag- und Innenillustrationen: Dirk Hennig
Umschlaggestaltung: Kathrin Tobian

Druck und Bindung: Drukarnia Dimograf Sp. z o.o.,
ul. Legionów 83, 43-300 Bielsko-Biala, POLEN
produktsicherheit@loewe-verlag.de

www.loewe-verlag.de

INHALT

PEPPER

WUFF! Bevor es hier so richtig um die Wurst geht, stelle ich euch unser Team vor: Also, ich bin Pepper, ein echter Polizeihund! Na ja, noch in der Ausbildung. Aber ich bin richtig gut. Manche nennen mich schon Kommissar Pfote. In Nasenarbeit bin ich sogar der Beste in der Klasse. Überhaupt habe ich oft die Nase vorn, weil ich ganz schön clever bin. **HIHI!**

PAUL

Das ist mein Partner Paul, ein richtig guter Polizist und supernett! Paul ist bei der Schupo, also Schutzpolizei, und wir sind ein Top-Team. Ehrlich: Für Paul würde ich mein letztes Stück Wurst geben. Und er für mich. Pfote drauf! **WUFF!**

WALTER

Hauptkommissar Walter ist Pauls Chef und manchmal etwas grummelig. Er sagt, ich bringe *Unruhe* ins Polizeirevier. Stimmt ja **GAR NICHT!**

NASRIN

Nasrin ist Kommissarin, genau wie Paul, aber bei der Kriminalpolizei. Die Kripo ermittelt Täter, während die Schupo für Sicherheit sorgt. Paul und Nasrin arbeiten oft im Team. Die beiden können sich gut riechen, so wie Lulu und ich. Aber bei Zweibeinern ist das ja immer VIIIIEL komplizierter.

TIMO

Polizeihauptmeister Timo ist Pauls Kumpel, hilfsbereit und immer GUT DRAUF.

LULU

Keine duftet wie sie! Lulu ist ebenfalls in der Polizeihund-Ausbildung und mein geheimer Schwarm. Aber: PSST!

POLIZEI
POLIZEI
POLIZEI
POLIZEI

Spannende Entscheidung

Alle mal herhören: Jetzt geht es um die Wurst! Gleich entscheidet sich, ob ich Schutzhund bei der Polizei bleibe oder richtig Karriere mache als Spürhund! WAUUU! Ich bin ja so aufgeregt! Natürlich will ich unbedingt einer dieser Superschnüffler werden, die gefährliches Zeug aufspüren. Zum Beispiel am Flughafen oder auf großen Container-Schiffen. Dafür gibt es ein spezielles Trainingsprogramm. Aber das wäre ja ein Kinder- ÄH ... Hundespiel für mich, logo! Bei meiner Supernase!

Unauffällig linse ich rüber zu Lulu. HA! Ihr linkes Ohr zuckt, ein eindeutiges Zeichen.

Sie ist genauso nervös wie ich. Nur bei Harras, dem Streber, regt sich natürlich mal wieder kein Barthaar. WAR JA KLAR!

Mein zweibeiniger Partner und bester Kumpel Paul wirkt auch entspannt. Verstehe ich nicht! Ich selber kann kaum still sitzen.

Da kommt die Trainerin mit der Liste. Na endlich! KRATZ! Gleich erfahre ich, ob ich die Ausbildung zum Spürhund machen darf. Ich richte mich zu meiner vollen Größe auf, um ja nichts zu verpassen. Schließlich will ich später noch meinen Enkeln von diesem feierlichen Moment erzählen und von all den Heldentaten, die ihm folgten …

„Also, in die Gruppe kommen Ajax, Ballou, Danny …“ Die Trainerin liest Namen für Namen vor. Ich spitze die Ohren. Harras ist dabei! JAUL! Aber Lulu nicht. SCHNÜFF! Und ich? – Auch nicht!!!

Die Trainerin lässt die Liste sinken. GRRRH! Das darf doch wohl nicht wahr sein!

Paul tätschelt tröstend mein Fell. „Mach dir nichts draus, Kumpel! Wir haben doch schon eine andere tolle neue Aufgabe.“

BITTE? Das klingt ja fast so, als sei Paul gar nicht enttäuscht.

Irgendwie macht mich das noch saurer. Harras trabt bereits hoheitsvoll zur Gruppe der Auserwählten hinüber. **PAH!** Nach einem letzten Blick auf Lulu springe ich ins Auto und wende Paul beleidigt das Hinterteil zu. Ich kann nämlich auch mal böse sein, **JAWOLL!**

Aber nicht lange. Als Paul unterwegs extra beim Metzger hält, um nach Knabberknochen für mich zu fragen, bin ich schon halb versöhnt. Mein Partner kann ja nichts für die Entscheidung. Langes Schmollen ist nicht mein Ding und Knabberknochen kann ich sowieso nie widerstehen.

Am nächsten Morgen düsen Paul und ich nicht zu unserer Wache, sondern direkt zur Schule am See. Da ist Paul nämlich *Cop for you*. Das heißt *Polizist für dich*. Geschrieben wird es aber *Cop4U*, weil das cooler aussieht.

Der Cop4U-Job ist die spannende neue Aufgabe, mit der Paul mich gestern trösten wollte. Und es macht tatsächlich Spaß! Paul und ich bringen den Kindern in der Schule bei, wie man fair miteinander umgeht. Also, dass man im Streit keinem auf die Nase hauen darf (nein, auch nicht auf die Schnauze). Und dass keiner gemobbt oder unter Druck gesetzt werden darf. Ja, so was kommt auch unter Kindern vor! Aber davon später.

Zuerst traben wir wie immer in Richtung Lehrerzimmer. Die nette Schulsekretärin hält uns die Tür auf und zwinkert Paul zu: „Na, Herr Kommissar, wieder viele böse Buben gefangen?"

„Äh … klar, jede Menge!" Paul errötet und deutet auf ihren dampfenden Becher. „Kann ich vielleicht auch einen Kaffee bekommen?"

„Aber sicher!", flötet sie und eilt davon.

HÄ? Was soll das denn heißen? Paul fängt doch gar keine bösen Buben, jedenfalls nur in Ausnahmefällen. Er ist nämlich bei der Schutzpolizei. Für die Jagd auf Verbrecher ist die Kriminalpolizei zuständig. Also Pauls Kollegin Nasrin zum Beispiel!

Ich knurre leise, damit mein Partner die Sache richtigstellt. Aber Paul schlürft seinen Kaffee und genießt die Bewunderung der Zweibeinerin. Ja, er vergisst sogar, nach einem Napf mit Wasser für mich zu fragen! JAUL! Doch dann klingelt es und unser Einsatz beginnt.

Heute helfen Paul und ich unserer Kollegin Hanna beim Verkehrsunterricht. Bald steht hier nämlich die Fahrrad-Prüfung an.

Deswegen gucken wir heute, ob die Räder der Kinder verkehrssicher sind.

Hanna lächelt. „Gut, dass du da bist, Paul! Allein wäre das nicht zu schaffen!"

STIMMT! Ehrlich gesagt habe ich sogar etwas Angst, unter die Räder zu kommen. Der ganze Schulhof ist ja voll davon! Und dazu jede Menge kreischender Kinder.

Unter uns: An den Lärmpegel auf dem Schulhof musste ich mich erst gewöhnen. Schließlich habe ich äußerst empfindliche Öhrchen, was bei meiner Arbeit natürlich hilfreich ist. Ehrlich: Ich höre die Flöhe husten. (Tun sie aber selten, falls es euch interessiert ... HIHI!) Andererseits bin ich grelle Töne gewöhnt. Die Polizeisirene klingt ja auch nicht gerade wie Mozart.

Die Kids stehen bereits Schlange – vor allem bei Paul. Ich will ja nicht unbescheiden sein, aber das hat eindeutig mit mir zu tun! Ein Hund in der Schule ist eben etwas Besonderes.

WUFF!

Paul prüft bei jedem Fahrrad Kette, Reifen, Schaltung und vor allem Licht, Reflektoren und Bremsen. Die meisten Kinder sind ein bisschen aufgeregt. Schließlich inspiziert nicht jeden Tag ein echter Polizeikommissar das eigene Fahrrad!

POLIZE
POLIZEI

Das Super-Fahrrad

„Huhuuu, Pepper! Hallo, Paul!"

NA, die Stimme kenne ich doch! Klar, das ist Jannik! Schon stürmt er strahlend auf uns zu, um mich zu kraulen. HMM, das kann er gut. Letztes Jahr haben Paul und ich Jannik geholfen, sich gegen zwei fiese Jungs zur Wehr zu setzen. Die hatten ihn gezwungen, Kopfhörer zu klauen, und Jannik damit in eine schwierige Lage gebracht. Aber Paul und ich haben den beiden schnell gezeigt, wo der Hammer hängt.

„Wow", sagt Paul anerkennend, als Janniks Rad an der Reihe ist. „Hast du den Rahmen selbst gestrichen?"

Jannik nickt. „Ja, wir haben das Rad gebraucht gekauft und wieder fit gemacht."

„Sieht super aus", lobt Paul.

„Na ja, wenn man es mit dem von Matteo vergleicht …" Jannik zeigt auf einen Jungen, der lässig neben seinem superschicken Nobel-Rad lehnt.

Paul pfeift durch die Zähne. „Das sieht nach einem 1.000-Euro-Bike aus! Hoffentlich hat er ein gutes Schloss!"

„Garantiert!" Jannik grinst. „Bei Matteo ist alles 1a! Sein Vater ist Tom Sagan. Der hat mal die Tour de France gewonnen. Jetzt trainiert er seinen Sohn. Matteo will nämlich auch Radprofi werden."

„Soso." Paul lächelt. „Das weiß Matteo jetzt schon?"

„Klar!" Jannik nickt eifrig. „Ist doch auch super! Da jubeln dir Tausende von Leuten zu!"

NA JA, also ich könnte mir Besseres vorstellen, als tagelang auf einem wackeligen Drahtgestell die Berge raufzustrampeln! Bei so einem Rennen darf man garantiert nicht mal am Wegesrand schnüffeln oder sich genüsslich in Entengrütze wälzen! Und der, der vorne fährt, kriegt zur Belohnung ein gelbes Shirt! Das lockt nur lästige Fliegen an.

NEE, da würde ich mich ja sogar lieber in einen dieser peinlichen Fahrradkörbe setzen und die Nase in den Wind halten!

Paul und Hanna arbeiten sich durch sämtliche Fahrräder. Gegen Mittag richtet Hanna sich auf. „Ich glaube, wir sind durch, oder?“

„Das Rad von Matteo hatten wir noch nicht“, sagt Paul. „Er steht da drüben! Pepper, holst du ihn mal?“

KLAR! Ich sprinte über den Schulhof und stupse Matteo mit der Pfote an.

Der Junge schaut mich fragend an. Dann kapiert er. „Ich soll rüberkommen?“

JA, LOGO! Ich belle einmal kurz und nachdrücklich. WUFF!

„Wenn's sein muss ..." Betont langsam schlurft Matteo hinter mir her.

HÄ? Wie ist der denn drauf?

„Hallo, Matteo", begrüßt Paul ihn freundlich. „Wo hast du denn dein Fahrrad gelassen?"

„Steht dahinten." Matteo deutet hinüber zum Schulgarten. „Es ist top in Schuss! Und diese alberne Fahrradprüfung brauche ich sowieso nicht."

UPS, der spuckt ja ganz schön große Töne!

Paul kratzt sich am Kopf. „Ich habe schon gehört, dass

du Radsport treibst", sagt er dann freundlich. „Aber bei der Prüfung geht es nicht um Schnelligkeit, sondern um Verkehrsregeln und um eure Sicherheit auf der Straße. Bringst du uns also bitte dein Fahrrad?"

Matteo seufzt genervt, aber er zieht tatsächlich ab, um sein Rad zu holen. 1:0 für Paul.

NANU, da kommt Matteo ja schon zurück! Im Laufschritt und ohne Rad! „Es ist weg!", keucht er. „Jemand hat mein Fahrrad gestohlen!"

„Bist du sicher?" Hanna runzelt die Stirn. „Hast du überall geguckt? Vielleicht hat es nur jemand woanders hingestellt."

„Nee", Matteo schüttelt den Kopf. „Es war da drüben am Zaun angeschlossen. Jemand muss das Schloss geknackt haben. Das waren sicher Profis!"

PROFIS? Auf einem Schulgelände während der Unterrichtszeit?

„Das wäre ungewöhnlich!", meint auch Paul.

OLIZEI
POLIZEI

„Zeig uns mal bitte die Stelle, wo es gestanden hat!"

Matteo geht voraus. „Dass das ausgerechnet heute passieren muss!", schnaubt er. „Dieses Wochenende findet ein megawichtiges Training statt. Da entscheidet sich, wer in die Auswahl kommt! Das kann ich jetzt vergessen."

Scheint ihm ja ähnlich wichtig zu sein wie meine Spürhund-Prüfung. Kein Wunder, dass Matteo sauer ist. Jetzt tut er mir doch ein bisschen leid.

„Kannst du nicht ein anderes Fahrrad für das Training nehmen?", fragt Hanna.

Matteo macht ein Gesicht, als hätte sie gefragt, ob man mit einem Tretroller bei der Formel 1 antreten könne. „Mein Fahrrad ist eine Spezialanfertigung", erklärt er. „Das kann man nicht durch eine billige Gurke wie die da ersetzen." Er deutet auf die Räder der anderen Kinder.

GRRRH! Okay, die Sache mit meinem Mitleid hat sich damit erledigt. Stattdessen hätte ich Lust, den kleinen künftigen Radprofi-Angeber mal kurz in seine Radlerwade zu zwicken … Aber dazu bin ich natürlich viel zu gut erzogen. SEUFZ.

LIZEI

Verdächtige Spuren

Tatsächlich ist Matteos Rad wie vom Erdboden verschluckt.

Paul zückt sein Handy. „Ich rufe mal die Kollegen von der Kripo an. Fahrraddiebstähle haben in letzter Zeit zugenommen. Vielleicht gibt es neue Hinweise.“

Kriminalkommissarin Nasrin ist direkt am Apparat. „Da ist eine gut organisierte Bande am Werk“, erklärt sie. „Meistens gehen die Täter ganz systematisch vor. Sie kommen mit einem Transporter, gelangen über die Tiefgarage in den Fahrradkeller und räumen ihn leer. Natürlich werden auch herumstehende Räder eingeladen. Das geht alles blitzschnell. Einen halben Tag später sind die Räder schon im Ausland! Drahtzieher ist ein gewisser Rolf Loren, Rolo genannt. Aber bisher konnten wir ihm nie etwas nachweisen, weil die Beute schon verschwunden war." Nasrin seufzt. „Es ist zum Haareraufen!"

Paul nickt. „Okay, wir suchen jetzt erst mal die Umgebung ab. Oft werden Räder ja auch spontan geklaut und dann irgendwo wieder abgestellt."

„Aber doch kein Rad wie meins!", sagt Matteo empört.

„Gerade eins wie deins!", erklärt Paul. „Das reizt die Diebe. Aber dann wird ihnen klar, dass das Risiko, erwischt zu werden, zu groß ist! Weil man damit auffällt."

„Vielleicht hast du das Rad ja auch nur woanders angeschlossen?", meint Hanna.

Als Antwort rollt Matteo mit den Augen.

GRRH, geht der mir auf den Zeiger!

„Wenn sich das Rad noch hier auf dem Gelände befindet, finden wir es." Paul tätschelt mein Fell. „Schließlich haben wir Kommissar Pfote!"

Wurde auch Zeit, dass meine Fähigkeiten mal wieder gewürdigt werden!

„Komm, lass Pepper mal an deiner Hand schnuppern!", fordert Paul Matteo auf. „Damit er Witterung aufnehmen kann."

Widerstrebend hockt sich Matteo neben mich.

Seltsam, sonst freuen sich Kinder, wenn sie mit mir zu tun haben. OJE, Matteos Hand zittert ja! Und er riecht nach Stress! WAUUU! Meine Nase kann man nicht täuschen. Soso. Matteos aufgeblasene Lässigkeit ist also nur Fassade. Eilig richtet er sich wieder auf.

„Dann mal los, Pepper!“, ruft Paul. „Such!“

Na, was denn sonst? Die Nase am Boden trabe ich los. Paul lässt mich in Ruhe.

Er weiß, dass er mir vertrauen kann. Tatsächlich kann ich Matteos Fährte problemlos folgen. (Hatte ich erwähnt, dass ich eine perfekte Nase …? Ja, ja, schon gut.)

Ich schnuppere mich am Schulgarten entlang, an den Fahrradständern vorbei und quer über den Pausenhof. NICHTS, keine Spur von Matteos schickem Bike. Aber im Eingangsbereich der Schule wird die Fährte plötzlich stärker.

MERKWÜRDIG!

Matteos Rad wird ja wohl nicht auf dem Flur stehen!

Nein, nicht das Rad, aber ein dunkelgrüner Schulranzen! Er lehnt versteckt in einer Ecke. **SCHNÜFFEL!** Ja, dieser Ranzen gehört eindeutig Matteo!

Aber was steckt da für ein gebogenes schwarzes Ding drin? Vorsichtig versuche ich, es mit den Zähnen herauszuziehen. Aber das Teil ist zu schwer. Paul muss helfen.

„Na, so was!" Mein Partner fördert ein großes Sicherheitsschloss zutage und pfeift durch die Zähne. „Ich muss sagen: Auf *die* Erklärung bin ich gespannt ..."

WAUUU! Ich auch.

Als wir Matteo den Ranzen mit dem Schloss darin zeigen, wird er ganz blass.

„Kannst du uns sagen, wieso das in deinem Ranzen steckt?", fragt Paul. „War das Rad gar nicht damit gesichert?"

„Doch … äh … ich meine, natürlich hatte ich mein Rad abgeschlossen, aber nicht mit diesem Schloss da." Matteo weicht Pauls Blick aus. „Es … äh … klemmt manchmal. D…d…deswegen habe ich es eingesteckt und mein Z…z…zahlenschloss genommen."

WIE BITTE? Der Typ hat sein 1.000-Euro-Rad mit einem mickrigen Zahlenschloss gesichert? Die Dinger knacke ich ja zum Frühstück!

„Soso", macht Paul, während er das schwere Schloss probeweise auf- und zuschließt. Klappt ohne Probleme. Paul runzelt die Stirn. Mein Partner hat seine Polizeiantennen ausgefahren.
Hier stimmt etwas ganz und gar nicht!

Hanna deutet auf einen rothaarigen Jungen, der Matteo zuwinkt. „Ich glaube, da will jemand was von dir!“

Matteo nickt. „Das ist Basti, ein Freund von mir. Ich erklär ihm mal eben, was passiert ist.“

Soso, also ich habe ja den Verdacht, dass Freund Basti schon sehr genau weiß, was hier los ist. Er hat seine Finger in diesem Spiel, wetten?

Die Lösung findet ihr hinten im Buch.

„In Ordnung.“ Paul und Hanna wenden sich der Schulleiterin zu, die eilig auf uns zusteuert. Bestimmt hat sie von dem Diebstahl gehört.

Ich nutze die Gelegenheit, um Matteo unauffällig zu folgen. Meine Schnüfflernase sagt mir nämlich, dass das Gespräch zwischen den Jungs interessant werden könnte.

Ein Papiercontainer bietet mir Deckung. Vorsichtig luge ich aus meinem Versteck. Leider steht der Wind ungünstig. Sosehr ich auch die Ohren spitze, ich kriege nicht alles mit. JAUL!

„Hat dich jemand gesehen?“ Das ist Matteos Stimme. „Wo hast du es reingeworfen?“

„… wollte ich ja, aber dann … Mir tat's so leid um …"

PUH, dieser Basti ist echt schwer zu verstehen.

„Mann, das war doch besprochen!" Matteo klingt jetzt aufgebracht, fast panisch. „Es darf nie mehr auftauchen! Wir müssen nachher gleich …"

MIST! Jetzt hat er seine Stimme gesenkt. Bastis Antwort ist wieder Genuschel. Egal, ich habe genug gehört: Dieser Basti hat das Nobel-Rad also in Matteos Auftrag geklaut, was mit dem Zahlenschloss natürlich gar kein Problem war. Anschließend sollte er das Rad irgendwo reinwerfen. – Aber wo?

GRÜBEL. Na klar, in den kleinen See hinter dem Schulgelände! Doch anscheinend hat sich Basti nicht an den Plan gehalten.

Aber aus welchem GRUND sollte das Fahrrad verschwinden? Wollte Matteo etwa ein noch besseres Modell? Eher nicht. Dieses hier war doch schon eine Spezialanfertigung. – Oder hat ihm jemand Geld dafür angeboten? Aber warum sollte Matteo Geld brauchen? HMM … auch unwahrscheinlich! Matteo riecht wie aus dem Ei gepellt. Alles an ihm scheint so gut wie neu zu sein! Wobei ich ja sowieso nie verstehe, warum sich die Zweibeiner andauernd neue Sachen kaufen. Ich meine, ich habe ja auch kein Fell zum Wechseln, oder?

ÄH … wo war ich? Ach so, ja: Matteos Familie scheint jedenfalls genug Geld zu haben.

Also, was steckt hinter dem vorgetäuschten Fahrradraub?

POLIZEI
POLIZEI

Die Verfolgung

Manchmal ist es wirklich blöd, dass Paul und ich uns nicht verständigen können. Wie bringe ich ihn nur dazu, Basti und Matteo nach der Schule zu folgen? Die beiden führen uns GARANTIERT zu dem angeblich gestohlenen Rad, um es endgültig verschwinden zu lassen.

Wir sind im Sekretariat der Schule, um die Anzeige aufzunehmen. Der Diebstahl muss gemeldet werden. Matteos Stresslevel wächst von Minute zu Minute. Das rieche ich! Matteo will weg hier. So schnell wie möglich! Und nicht nur er: Kaum hat es zum Schulschluss geklingelt, taucht Basti auf. „Wollen wir los?“

„Klar!“ Matteo verabschiedet sich hastig von uns. „Wir sind hier fertig, oder?“ Er setzt seinen Ranzen auf.

UPS, Paul wirkt etwas überrumpelt. „Äh, für's Erste ja. Aber wenn deine Eltern noch Fragen haben ...“

„Gut. Tschüss!“ Schon ziehen die beiden Jungs ab.

Kopfschüttelnd blickt Paul ihnen nach.

SO, JETZT ODER NIE! Hoffentlich funktioniert mein Plan!

Ich fiepe laut und laufe in Richtung Tür.

Mein Partner guckt mich überrascht an.
„Nanu, Pepper, musst du etwa Gassi?"
Ich fiepe noch lauter.
ES KLAPPT! Paul seufzt und nimmt seine Mütze. „Alles klar, scheint ja dringend zu sein! Dann mal los!" Er folgt mir die Treppe hinunter. Matteo und Basti sind nicht mehr zu sehen, aber das macht nichts. Ich kann ihre Fährte problemlos aufnehmen. Die beiden gehen in Richtung See, wie erwartet. Ich galoppiere hinterher.
Paul folgt mir im Laufschritt. „Du hast es ja wirklich eilig, Pepper!"

Als wir den kleinen Park am See erreicht haben, blickt Paul mich auffordernd an. Klar, er wartet darauf, dass ich mich diskret ins Unterholz verkrümele, um Geschäftliches zu erledigen. NICHTS DA! Ich habe Matteo und Basti entdeckt. Sie laufen direkt vor uns, überqueren die Wiese, halten auf das Wohngebiet dahinter zu. Jetzt hat Paul die beiden auch gesehen.

Er nickt langsam. „Darum ging es dir, stimmt's, Pepper? Du wolltest, dass wir den Jungs folgen!"

Als Antwort wedele ich mit dem Schwanz. SUPER, Paul hat begriffen!

Hinter einer Hecke gehen wir in Deckung. Von hier aus haben wir die Jungs im Blick. Ich recke den Hals. Hat Basti das Rad vorhin dort am Zaun abgestellt, weil er es nicht über sich brachte, das teure Teil in den Teich zu werfen?

Wahrscheinlich. Doch jetzt soll das teure Bike endgültig baden gehen. Warum auch immer.

„Verdammt, wo ist das Rad denn nun?"

Matteos Stimme überschlägt sich fast.

„Bist du sicher, dass du es hier abgestellt hast?"

Basti klingt verwirrt.

„Ja! Genau hier, vor diesem Haus! Ganz sicher!"

„Aber wo ist es jetzt?" Matteo tigert auf und ab.

„Keine Ahnung, Mann!" Basti schaut seinen Freund beschwörend an. „Vielleicht ist es jetzt wirklich geklaut worden! Ich meine, kann doch sein, oder?"

Paul hat genug gehört. Mit großen Schritten stapft er auf die verdatterten Jungen zu.

„W…w…was machen Sie denn hier?", stottert Matteo aufgeregt. Auf seinen Wangen bilden sich hektische rote Flecken.

„Ich denke, das sollte ich besser euch fragen!" Paul verschränkt die Arme. „Also, was ist hier los? Und die Wahrheit, wenn ich bitten darf!"

UIIIH, mein Partner ist aber ganz schön sauer! Kein Wunder, die beiden haben uns hinters Licht geführt. **UND WIE!**

Matteos Großspurigkeit fällt in sich zusammen wie ein Kartenhaus. Er starrt zu Boden, die Haare fallen ihm ins Gesicht und dann, ja dann beginnen seine Schultern zu beben.

OJE, Matteo weint, kein Zweifel! Plötzlich wirkt er schmal und verletzlich. Alle Überheblichkeit ist verschwunden.

Paul schaltet sofort um. Hier braucht jemand Hilfe! „Kommt, lasst uns mal hier hinsetzen und reden“, sagt er sanfter.

Matteo plumpst ins Gras, als hätte jemand die Luft rausgelassen. Noch immer kullern Tränen über sein Gesicht.

Ich lasse mich ruhig neben ihm nieder und warte. Ich weiß, was gleich passieren wird. Tatsächlich gleitet wie von selbst Matteos Hand in mein Fell. Und während er mich streichelt, beginnt er zu reden.

„Ich wollte, dass es verschwindet“, sagt er leise.

„Das Fahrrad?“, hakt Paul nach.

Matteo nickt. „Ich hasse das Training! Die ewige Fahrerei, das Vergleichen der Leistung, der Wettkampf. Bei uns zu Hause gibt's kein anderes Thema." Er schluckt. „Zuerst hat mir das alles Spaß gemacht. Aber jetzt … Ich habe nie Zeit."

„Du meinst, Zeit für Freunde oder um einfach ein bisschen rumzuhängen?"

Jetzt schaltet sich Basti ein. „Ihr müsstet mal Matteos Wochenplan sehen! Der ist rappelvoll: Training, Wettkämpfe, Untersuchungen …"

„Verstehe." Paul überlegt. „Und du hast gedacht, wenn das Fahrrad weg ist, brauchst du nicht mehr zu trainieren?"

Matteo schnieft. „Na ja, dieses Wochenende findet ja ein entscheidendes Rennen statt. Ohne Rad hätte ich nicht daran teilnehmen können. Bis zur nächsten Auswahl wären ein paar Wochen Zeit und bis dahin …" Er stockt.

„Bis dahin wolltest du deinen Eltern sagen, dass du all das gar nicht willst?", fragt Paul.

„Dass der Traum deines Vaters nicht deiner ist?“

Matteo nickt. „Ja“, flüstert er.

Paul überlegt einen Moment. „Weißt du, Eltern wollen vor allem, dass ihre Kinder glücklich sind. Wahrscheinlich ahnt dein Vater gar nicht, wie du dich fühlst. Sprich mit ihm! Gib ihm eine Chance, dich zu verstehen!“

„Aber er wird enttäuscht sein.“ Da kullern schon wieder die Tränen.

Tröstend lege ich meine Schnauze in Matteos Schoß. Manchmal haben es kleine Zweibeiner echt nicht leicht.

POLIZEI
POLIZEI

Ein echter Fang

Nach einer Weile gelingt es Paul, Matteo zu beruhigen. EHRLICH, das kann mein Partner richtig gut! Nicht umsonst ist er in der Schule als Cop4U eingesetzt.

„Wenn du möchtest, helfe ich dir dabei, mit deinen Eltern zu reden", sagt Paul. „Versprochen! Aber zuerst sollten wir uns um den Diebstahl hier kümmern. Denn offensichtlich ist dein Rad jetzt wirklich geklaut worden. Egal, ob du weiter trainieren willst oder nicht. Es wäre gut, wenn es wieder auftauchte, oder?"

Matteo nickt. Er überlegt einen Moment und plötzlich hellt sich sein Gesicht auf.

„Das GPS!“, ruft er. „Papa hat ja eine Diebstahlsicherung einbauen lassen. Der Tracker ist irgendwo am Fahrrad versteckt.“

„Du kannst das Rad also über dein Smartphone orten?“, fragt Paul.

„Äh … keine Ahnung!“ Matteo wird rot. Er zieht sein Handy raus. „Ich habe nicht richtig zugehört, als Papa mir das Ding erklärt hat. Ich glaube, da muss man so einen Notruf-Button drücken. Hier willst du mal gucken?“

Paul tippt auf dem Handy herum. „Hier ist die App“, murmelt er. „Aber ich schalte besser mal die Kollegen von der Kripo dazu.“

Zum zweiten Mal an diesem Vormittag ruft er Nasrin an.

Ihre Stimme klingt aufgeregt. „Ich wollte dich auch schon anpiepen, Paul! Heute Vormittag wurden mehrere Einbrüche und Fahrraddiebstähle gemeldet, und zwar im Umfeld deiner Schule! Offensichtlich ist die Bande dort gerade sehr aktiv."

„Sieht so aus!", knurrt Paul. „Aber wenn wir jetzt handeln, haben wir eine gute Chance, sie zu erwischen!" Rasch berichtet er Nasrin von dem versteckten Sender.

„Hoffen wir mal, dass es wirklich die Rolos waren, die Matteos Rad geklaut haben", sagt Nasrin. „Pass auf, du aktivierst jetzt den Notruf-Button! Dann bekommen wir den genauen Standort des Fahrrads und können uns die Diebe schnappen!"

HALLO? Da will ich aber dabei sein!

Zehn Minuten später sitze ich mit Paul im Auto und wir sausen mit Blaulicht durch die Stadt. Nasrin und die Kollegen sind ebenfalls schon unterwegs.

Nasrin hat Verstärkung angefordert. Unser Ziel ist der verlassene Güterbahnhof am Stadtrand. Dort befindet sich laut der Ortung Matteos Fahrrad. Und hoffentlich noch ein paar Dutzend andere gestohlene Räder. Ich bin gespannt wie ein Flitzebogen! WAUUU! Dieses Kribbeln, das Gefühl, kurz vor dem Ziel zu sein …! Dagegen kann keine Spürnasen-Ausbildung der Welt anstinken.

WUFF!

Und wir haben tatsächlich **GLÜCK!** Wir erwischen die Bande, als sie gerade vom Gelände fahren will. Mit quietschenden Reifen schneidet Paul dem Lkw den Weg ab. Blitzschnell ist der Lastwagen umstellt.

„Polizei! Kommen Sie mit erhobenen Händen heraus!"

Rolf Loren und seine Männer sind viel zu verdutzt, um Widerstand zu leisten. Während die Handschellen klicken, schlagen Nasrin und Timo die Plane des Lkw zurück: Fahrräder über Fahrräder kommen zum Vorschein. Ich recke den Hals. Da ist auch Matteos Rad!

Bei der Durchsuchung des Geländes finden die Polizisten jede Menge weiteres Diebesgut. Nasrin, Timo und Paul strahlen sich an. Keine Frage, wir haben einen echten Fang gemacht!

Es dämmert schon, als Paul und ich unterwegs zum Haus von Familie Sagan sind. Paul hat angeboten, das gestohlene Rad persönlich vorbeizubringen. Aber ich glaube, vor allem will er nach Matteo sehen.

Tom Sagan öffnet uns die Tür. Der ehemalige Radprofi ist groß und drahtig und er hat kräftige Waden. Das fällt mir immer sofort auf. Beine sind schließlich auf der Höhe meiner Augen. Und Popos. HIHI!

Matteos Vater schüttelt Paul die Hand. „Danke, dass Sie sich gekümmert haben. Also, nicht nur um das Rad, sondern auch um unseren Sohn! Er war ja ziemlich durcheinander."

„Äh ... klar, das haben wir gern gemacht, also Pepper und ich!" Paul wuschelt mir durchs Fell.

Sicher überlegt er gerade, was genau Matteo seinem Vater erzählt hat. Und vor allem: was er nicht erzählt hat.

Da kommt auch Matteo angelaufen. Nachdem er Paul begrüßt hat, beugt er sich zu mir herunter. „Hey, Pepper! Alles klar?"

Ich schnuppere. Keine Spur mehr vom Stress-Geruch! Überhaupt wirkt Matteo viel entspannter als heute Mittag. Und schnell erfahren wir auch warum. „Kommt, ich zeig euch den Garten!“ Er läuft voraus.

„Du hattest ja gesagt, dass du mir hilfst, wenn ich das will“, sprudelt er los, als sein Vater außer Hörweite ist. „Aber ich habe vorhin schon mit Papa geredet. Also ich habe ihm gesagt, dass ich nicht mehr so viel trainieren will und so. Dass Basti öfter kommen soll und ich auch mal andere Sachen machen will."

„Super, echt tapfer von dir", lobt Paul. „Und wie hat dein Papa reagiert?"

„Ich glaube, es war okay für ihn." Matteo sieht fast erstaunt aus. „Mann, das hätte ich nie gedacht, ehrlich!" Er blickt Paul an. „Danke! Also, ich meine, ohne euch ..."

„Schon gut!" Paul nickt Matteo zu.

Matteo zögert. „Die Sache mit Basti, also, dass ich wollte, dass er das Rad verschwinden lässt. Das müssen Mama und Papa nicht unbedingt erfahren, oder?"

Paul wiegt den Kopf. „Nicht von mir. Aber vielleicht erzählst du es ihnen irgendwann selbst?

Denk einfach drüber nach, ja?“ Paul lächelt, dann wirft er einen Blick auf die Uhr. „So, jetzt müssen wir aber los! Ich habe nämlich mächtig Kohldampf. Und Pepper bestimmt auch, stimmt’s, Partner?“

NA, UND WIE! Mein Magen knurrt schon wie ein ganzes Wolfsrudel. PUH, war das ein Tag! Aber ein erfolgreicher! Ohne mich wäre uns die Diebesbande nie ins Netz gegangen! HA, Lulu wird Augen machen …

Matteo bringt uns zum Gartentor.

Paul lächelt ihm zu. „Also dann, tschüss! Wir sehen uns ja nächste Woche schon wieder!“

„Nächste Woche?“ Matteos Gesicht ist ein einziges Fragezeichen.

Paul grinst. „Na, in der Schule bei der Fahrradprüfung. Die machst du doch mit, oder?“

Na klar! Matteo nickt.

Und ich bin natürlich auch dabei. Denn ohne mich läuft ja mal gar nichts. WUFF!

Katja Reider war Pressesprecherin des Wettbewerbs Jugend forscht, bevor sie zu schreiben begann. Inzwischen hat sie mehr als 150 Kinderbücher veröffentlicht, die z.T. in viele Sprachen übersetzt wurden. Mit Vierbeinern kennt sie sich aus: Hündin Lotti begleitet sie auf Schritt und Tritt und wäre auch gern ein echter Polizeihund.

Katja Reider lebt in Hamburg, wo sie sich seit vielen Jahren in der Leseförderung engagiert.

www.katjareider.de

Dirk Hennig studierte an der Fachhochschule in Münster Grafik-Design und Illustration. Aber das Zeichnen war immer die größere Leidenschaft. So widmet er sich seit 2005 ganz der Illustration von Kinder- und Jugendbüchern. Sein Hund Piko war Inspiration für Kommissar Pfote, vor allem für die lustigen Ohren.

Pepper & Paul danken **Kriminalhauptkommissar Jan** für die fachliche Beratung.

Lösung von Seite 42:

Antwort: Auf dem Bild sieht man, dass Basti auf seinem Unterarm die Nummer von Matteos Zahlenschloss notiert hat.

KOMMISSAR PFOTE

Wenn ihr wissen wollt, welche spannenden Fälle ich in meinem Job als Polizeihund löse, schaut mal hier:

Band 4:
ISBN 978-3-7432-1156-8

Band 5:
ISBN 978-3-7432-1157-5

Band 8:
ISBN 978-3-7432-1798-0

Band 9:
ISBN 978-3-7432-1920-5

Noch nicht genug von Pepper? War ja klar ... HIHI!

Loewe
Das will ich lesen!

Mehr von Kommissar Pfote:

Das will ich LESEN!

Band 1:
ISBN 978-3-7432-2175-8

Polizeihund Pepper, bekannt aus den erfolgreichen Kinderkrimis Kommissar Pfote von Katja Reider, ermittelt nun auch als Detektiv im Wow!-Format. Mit großformatigen Bildern von Dirk Hennig und vielen interaktiven Fragen an die Leserinnen und Leser.